AF509668

CONFÉRENCES AU PROFIT DES BLESSÉS POLONAIS

SÉANCE DU MERCREDI 2 MARS 1864

L'ISTHME DE SUEZ

PAR

FERDINAND DE LESSEPS

PARIS

LIBRAIRIE ACADÉMIQUE

DIDIER ET Cie, LIBRAIRES-ÉDITEURS

35, QUAI DES AUGUSTINS, 35

1864

L'ISTHME DE SUEZ [1]

Mesdames et messieurs,

L'accueil que je reçois de vous me met à l'aise, car vraiment j'étais très-embarrassé pour me présenter dans cette enceinte après les hommes éminents que vous avez entendus, surtout après le discours que vient de prononcer mon honorable ami, M. Wolowski ; je n'ai pas, en lui succédant, la prétention de le remplacer. (*Bravo ! bravo !*)

Je commencerai, mesdames et messieurs, par vous faire une courte description de l'isthme de Suez.

L'isthme de Suez est une langue de terre qui

[1] Sténographié par M. Sabbatier, sténographe du Corps Législatif.

joint les deux continents de l'Afrique et de l'Asie, et sépare la Méditerranée de la mer Rouge par un espace de cent vingt kilomètres, environ trente lieues. Les deux points extrêmes au sud et au nord sont : le golfe de Suez et le golfe de Péluse. Le golfe de Péluse s'étend de l'est à l'ouest, du cap Cassius à la pointe de Damiette. Le golfe de Suez s'avance entre l'Arabie et l'Égypte. A l'occident de l'isthme et sur la Méditerranée se succèdent les côtes maritimes de l'Égypte, de Tripoli, de Tunis, de l'Algérie et du Maroc. En face de Péluse se développent les industrieux et populeux rivages de l'Europe méridionale, les côtes de France, d'Italie, le golfe Adriatique, Trieste, Venise, les îles de l'Archipel; au nord, Constantinople et la mer Noire; à l'est, la côte de Syrie.

Au sud de Suez, à droite, les côtes d'Égypte et d'Abyssinie, le détroit de Bad-el-Mandeb, à cinq cent soixante lieues de Suez; les côtes du Zanzibar, la prolongation de la côte orientale d'Afrique, Madagascar en face. Sur la gauche, en regardant toujours le sud, à partir de Suez, nous avons le mont Sinaï, le golfe d'Acaba, l'Arabie Pétrée et l'Arabie Heureuse; en tournant le détroit de Bab-el-Mandeb, vers l'orient, Aden, la suite des côtes d'Arabie, le golfe Persique, les Indes ; plus loin encore, la Chine et la Cochinchine, les Philippines, etc.

L'isthme de Suez est à soixante-quinze lieues

d'Alexandrie, à six cent quarante de Marseille, à quatre cent quarante de Trieste, à trois cent quatre-vingt de Constantinople.

Le point d'ouverture du canal maritime sur la Méditerranée a été choisi à une égale distance des anciennes bouches Tanitique et Pélusiaque sur la déclivité de la côte. Cette position garantit l'entrée du canal des vents régnants du *nord-ouest*, arrêtés par la pointe avancée du cap de Damiette.

Le cordon littoral n'a qu'une largeur de quarante à cinquante mètres. De l'autre côté de ce cordon, intérieurement, se trouve le lac Menzaleh, qui a cinquante lieues de tour. En faisant face à l'isthme, on a, à gauche, les ruines de Péluse, à droite, les ruines d'une des plus anciennes villes du monde, la ville de Tsan, dont la Bible fait mention (l'Avaris des Grecs), et non loin de là, Taphnés (ou Daphné), où, d'après le prophète Élie, existaient des briqueteries, près d'un palais des Pharaons.

Le lac Menzaleh est traversé aujourd'hui par le canal maritime dans une longueur de quarante-quatre kilomètres; à la suite se trouvent des bassins qui portent le nom de lacs Ballah. L'extrémité sud de ces bassins est au soixante-deuxième kilomètre à partir de Port-Saïd.

Là commencent les dunes de Ferdane et le plateau d'El-Guisr, sur une étendue de quinze kilomètres, dont la partie la plus élevée est de dix-neuf mètres au-dessus du niveau de la mer.

Après le plateau d'El-Guisr se présente le bassin de Timsah, entouré de dunes ; il est destiné à servir de port intérieur pour la grande navigation qui passera par le canal maritime. A l'occident de ces lacs commence une dépression longitudinale se dirigeant vers l'Égypte. Cette vallée était l'ancienne terre de Gessen, dont les terrains nous ont été concédés et qui commence aujourd'hui à être fécondée par le canal d'eau douce.

En revenant vers le lac Timsah, et si l'on se dirige vers le sud, on rencontre, sur la ligne choisie pour le canal maritime, le plateau du Serapeum, moins élevé que celui d'El-Guisr, puisque sa hauteur moyenne n'atteint pas six à sept mètres au-dessus du niveau de la mer.

A la suite du Serapeum s'étend le vaste bassin des lacs Amers, occupant une superficie de trois cent trente millions de mètres cubes, ou vingt-cinq lieues de tour. Le canal traversera ce bassin, qui a déjà la profondeur voulue pour le tirant d'eau des plus grands bâtiments. Entre le bassin et les lacs Amers, il existe une plaine de vingt kilomètres qui n'est au-dessus du niveau de la mer que d'un mètre, dans la partie la plus élevée, le reste étant à peu près au niveau de la mer.

Après vous avoir fait cette courte description géographique de l'isthme de Suez, je crois qu'il ne sera pas sans intérêt pour vous d'entendre quelques mots sur l'histoire de cette terre célèbre.

Cette histoire est très-peu connue, puisqu'elle n'a jamais été faite. C'est la Bible qui nous donne les premiers renseignements sur les événements qui s'y sont passés.

Abraham a traversé l'isthme. Il est venu en Égypte, à Memphis, où existaient déjà depuis long-temps les plus grands monuments du monde. Après Abraham, Jacob, venant de Syrie, a traversé l'isthme en face du lac Timsah, et est arrivé à Ramsès, où il s'est établi avec soixante-dix personnes, quatre cent trente ans avant Moïse qui a été sauvé des eaux du Nil. Quelques géographes ont placé le berceau de Moïse en face de Memphis, où le Nil est très-profond et très-rapide. Il y a ici des mères, et je leur demande si jamais une mère aurait exposé son fils, là où le courant l'aurait emporté? (*Vifs applaudissements.*) Moïse a dû être exposé dans la branche Tanitique, près du lac Menzaleh, non loin de nos travaux, et devant l'ancienne ville de Tsan voisine de la vallée de Gessen. Les récentes découvertes de M. Mariette ont constaté que c'était la résidence des rois pasteurs, appelés *Hycsos*. Le nom de Sos signifie, en langue éthiopienne, *pasteur*, et je pense que Suez vient de Sos. Ainsi la terre de *Gessen*, qui en hébreu veut dire : terre des pâturages, ne serait que la traduction de Sos.

Moïse a donc été sauvé sur une des branches du Nil, prise pour le Nil. Aujourd'hui encore, les Arabes, comme la Bible, appellent Nil toutes les branches du Nil, tous les grands canaux qui dérivent de ce fleuve. Ainsi, lorsque la Bible dit que Moïse a été sauvé du Nil, ce passage s'accorde parfaitement avec les dernières découvertes, qui constatent que la capitale où résidaient les Pharaons était Tsan, plus tard Tanis et Avaris, située à peu près à dix lieues de Port-Saïd, entrée de notre canal sur la Méditerranée. Au pied des ruines de cette ville coule l'ancienne branche Tanitique, qui maintenant se jette dans le lac Menzaleh , au lieu de se jeter dans la mer, son embouchure ayant été oblitérée. On voit sur ses bords, près de Tsan, comme autrefois, des roseaux nombreux, et l'on comprend que c'est dans cet endroit que le berceau de Moïse a dû être arrêté, ainsi que le dit la Bible, dont les descriptions sont toujours parfaitement exactes.

Les recherches de M. Mariette ont amené la découverte d'une allée de sphinx, sur lesquels on a reconnu le nom du roi qui régnait à l'époque où Joseph, le fils de Jacob, était premier ministre.

Les figures de ces sphinx n'ont aucun rapport avec celles qu'on trouve dans les autres parties de l'Égypte, elles ressemblent aux pêcheurs actuels du lac Menzaleh, qui seraient alors les descendants des anciens conquérants Hycsos, dont l'histoire n'avait encore pu mentionner l'origine. Ils appartiennent évidemment à la race assyrienne.

La Bible raconte les visites que Moïse faisait souvent, avec son frère Aaron, dans le palais du roi,

et, en effet, il pouvait s'y rendre facilement, car
pour aller à Tsan il n'avait qu'une journée de
marche, tandis que, pour aller à Memphis, il lui aurait fallu trois ou quatre jours.

Lorsque Moïse quitta l'Égypte, quatre cent trente
ans après l'arrivée de Jacob, il partit de la ville de
Ramsès, où étaient établies des briqueteries dans les-
quelles les Hébreux étaient employés. Ceux-ci se plai-
gnaient amèrement du grand nombre de briques
qu'on leur imposait pour les constructions de l'É-
gypte, et surtout de ce qu'un nouvel intendant des
Pharaons les obligeait à fournir la paille qui entrait
dans la fabrication de ces briques. Je ne savais pas
autrefois, ni vous, sans doute, ce que la paille avait
de commun avec les briques, mais j'ai vu depuis, que
la paille entre pour un quart dans les briques que
font encore aujourd'hui les Égyptiens.

Ainsi, le motif attribué par la Bible au départ des
Hébreux a été l'obligation de faire des briques et
de fournir la paille ! Le lieu d'où partit Moïse, avec
son peuple, était Ramsès. On y trouve encore une
statue en granit avec l'inscription de Ramsès. La
Bible dit que la première étape de la caravane de
Moïse, après Ramsès, fut Socoth. Socoth, en hébreu,
veut dire tente. Ce même endroit s'appelle aujour-
d'hui, en arabe, Oumriam (la mère des tentes).

La troisième station du peuple de Moïse était
Etham, dans le désert. Etham a conservé son nom.
La tribu qui vient quelquefois faire paître ses trou-

peaux dans cet endroit s'appelle la tribu des
Ethamis.

La Bible dit que d'Etham Moïse revint en arrière.
Il alla camper à Pi-Hahiroth, entre Migdol et la mer,
vis-à-vis de Bahal-Thsephon. Pi-Hahiroth, en hébreu, veut dire : baie des roseaux. Aujourd'hui les
Arabes appellent cet endroit Oued-Bet-El-Bouze, qui
veut dire aussi : baie des roseaux, ou vallée des roseaux ; cette vallée, où il y a toujours des roseaux,
est voisine du lac Timsah.

Moïse a donc passé au lac Timsah, où arrivaient
les dernières lagunes de la mer Rouge. Le bassin
des lacs Amers était un golfe, comme aujourd'hui
le golfe de Suez. Dieu, pour favoriser Moïse, envoya
une tempête effroyable qui empêcha l'armée du
Pharaon de le poursuivre. Moïse profita de la nuit
et de la marée basse pour traverser les lagunes qui
avaient et ont encore deux à trois lieues de largeur.
Lorsque, la tempête ayant cessé, Pharaon arriva
avec son armée, la mer avait grossi et elle l'en-
gloutit.

Moïse erra dans le désert, de l'autre côté du lac
Timsah, pendant trois jours, et s'arrêta à une source
qu'il appela *Mara*, c'est-à-dire puits amer, parce
que l'eau y était très-amère. Dieu lui inspira l'idée
d'y jeter des plantes qui rendirent l'eau potable. Cet
usage s'est conservé jusqu'à nos jours. Des chefs
arabes m'ont raconté que lorsqu'ils voulaient boire
cette eau, ou la faire boire à leurs bestiaux, ils y

mettaient une espèce d'épine-vinette qui croît dans
le désert, et a la propriété d'absorber les matières
salines et alcalines de l'eau. Il est intéressant de voir
ainsi l'étude des lieux confirmer les croyances re-
ligieuses que chacun de nous conserve dans son
cœur. (*Applaudissements.*) Je suis bien aise de rap-
peier ces souvenirs dans une réunion où il y a beaucoup de catholiques, puisqu'elle a pour objet la
cause polonaise. Je suis catholique croyant, et en
même temps j'aime les nationalités qui veulent
s'affranchir du joug de l'étranger, surtout celle
dont la cause nous réunit, et qui fait battre et
palpiter tant de cœurs nobles et généreux. (*Nou-
veaux applaudissements.*)

On ne peut toucher à l'histoire du monde sans
rencontrer l'isthme de Suez.

La sainte famille, fuyant la persécution d'Hérode,
traversa l'isthme ; elle s'arrêta non loin du lac Timsah, dans un endroit où j'ai eu le bonheur de faire
élever une chapelle catholique consacrée à sainte
Marie, que les Arabes appellent Setti-Mariam, et
qu'ils ont eux-mêmes en vénération. Elle est des-
servie par un chapelain français et visitée par tous
les voyageurs. (*Très-bien ! très-bien !*)

La sainte famille a donc traversé l'isthme, et
Jésus enfant séjourna près de l'endroit où Moïse
avait été sauvé des eaux. Je n'ai vu faire nulle part
ce rapprochement. (*Très-bien ! très-bien !*)

Nos plus anciens souvenirs religieux prennent

naissance dans cette contrée, où s'ouvrira bientôt la grande voie du commerce qui servira de lien entre tous les peuples. (*Bravo! bravo!*)

Les Perses ont livré des batailles dans les plaines de Péluse; Alexandre a foulé le sol de l'isthme; César a débarqué sur la plage de Péluse, et y a remporté une victoire éclatante, Pompée y mourut assassiné.

L'isthme de Suez a vu Cléopâtre, la dernière reine de la dynastie des Ptolémées. L'histoire rapporte qu'après la bataille d'Actium, Antoine trouva cette princesse occupée à faire passer sa flotte pardessus l'isthme, pour la faire entrer dans la mer Rouge. C'était peut-être pendant la saison des basses eaux du Nil, et l'ancien canal se trouvait à sec.

L'empereur Adrien fit réparer le canal des Pharaons. Amrou, le célèbre lieutenant du calife Omar, le rétablit; plus tard, le jeune général Bonaparte se rendit du Caire à Suez après la bataille des Pyramides. En explorant le littoral, il faillit être enseveli dans les flots de la mer Rouge, et n'échappa à ce danger que grâce à la vitesse de son cheval. Accompagné de Berthollet, de Monge, de Costaz, de Jomard, et de tous ces savants dont les travaux nous ont servi à étudier et à mettre en œuvre notre entreprise, il parcourut tout l'isthme, et le premier découvrit le lit de l'ancien canal, en disant : « Messieurs, nous sommes en plein canal des Pharaons. » Il a passé devant le lac Timsah, et est retourné en Égypte par la vallée de Gessen et notre Ouady.

Je vais maintenant vous parler de nos travaux.
— Il y a une question qu'on a beaucoup agitée dans
ces derniers temps, c'est la question du travail
dans l'isthme. Quand la Compagnie du canal de
Suez a été constituée, voici quel était l'état des
travailleurs égyptiens. Il était absolument comme
au temps de la construction des pyramides. On en-
levait les populations des villages, on leur liait les
mains, souvent on leur mettait la corde au cou.
Elles apportaient leurs vivres et même quelquefois
les matériaux de construction. On ne les payait pas;
le travail s'exécutait à l'aide du fouet incitateur,
suivant le système dont on voit la représentation sur
les monuments de la vieille Égypte. Les grands travaux ainsi exécutés entraînaient à des pertes d'hommes effroyables. De nos jours, le canal de Mahmou-
dieh, qui a été construit, il y a quarante ans, par cent
mille fellahs a coûté la vie à trente mille hommes
dans l'espace de six mois. Hérodote raconte que,
lorsque le roi Nécos voulut essayer de faire un
canal entre les deux mers, on avait amené dans
l'isthme une population considérable, et qu'il périt
quatre-vingt mille hommes. Récemment, quand on
a fait le chemin de fer entre Alexandrie et Suez, surtout entre le Caire et Suez, il en a péri plus de mille
dans une seule journée. On avait amené ces hommes
par masses, à la demande des agents anglais, qui,
pressés de voir passer la malle des Indes, poussaient,

sans aucune considération, le gouvernement à réunir le plus grand nombre de travailleurs possible. Un jour, on manque d'eau ; les wagons qui devaient l'amener n'avaient pu arriver. Le lendemain, on les annonce, les hommes se pressent sur ces wagons ; il y a une mêlée terrible dans laquelle un grand nombre de malheureux périssent.

Voilà, messieurs, l'état dans lequel nous avons trouvé le travail en Égypte.

Mohammed-Saïd, prince libéral, a eu une pensée qui seule suffirait à illustrer un règne. Jusqu'à lui, les terres avaient été possédées par le gouvernement. Mohammed-Saïd les a distribuées aux fellahs, en convertissant l'obligation de donner une partie des récoltes au gouvernement, en un impôt en argent, payable par douzièmes. C'est ainsi qu'il a répandu le bien-être et la prospérité dans le pays. Mais il avait cru nécessaire de conserver pour les travaux de canalisation, dans un pays qui ne vit que par les irrigations, le travail obligatoire. On pense généralement que le Nil déborde, c'est une erreur, il ne déborde pas. Il coulerait paisiblement dans son lit, si la main des hommes n'avait ouvert, le long des berges, des canaux qui, lorsque l'eau monte à une certaine hauteur, permettent d'irriguer les terrains. Il était nécessaire, à cause de la configuration du pays, d'obliger les populations à travailler à la réparation des canaux, sans lesquels elles n'auraient pas pu exister. Ainsi le vice-roi, en

donnant les terres aux fellahs, en les rendant propriétaires, avait conservé le droit de leur imposer
les travaux d'utilité publique, surtout les travaux
de canalisation. Dans les fréquentes conversations
que j'ai eues avec ce prince pendant sept ans, et
lorsque nous avons fait ensemble, en 1856, une
convention par laquelle il s'engageait à nous fournir le nombre d'hommes désigné par nos ingénieurs, pour exécuter le canal de Suez, il avait
désiré fixer de la manière la plus humaine le travail des fellahs, en leur faisant distribuer en abon-
dance l'eau, dont la privation avait autrefois causé
tant de maux aux travailleurs de l'Égypte, en leur
fournissant des abris et des soins médicaux. Nous
avons exécuté les dispositions concertées avec lui,
et nous avons dans l'isthme non-seulement des mé-
decins dévoués, mais encore ces bonnes sœurs de
charité qui, en Orient comme partout, font plus que
toutes les propagandes du monde, parce que leur
propagande, à elles, c'est la propagande pratique
de la charité, du dévouement et du bien. (*Bravo!*
bravo! applaudissements redoublés.)

Nous avons là, des sœurs de charité qui, nuit et
jour, se dévouent au soin des malades. Assurément,
jamais les fellahs n'ont été mieux traités que dans
l'isthme, et le vice-roi nous disait bien souvent : « Il
faut commencer par payer ces hommes; il faut
qu'ils sachent que le travail, pour lequel ils n'ont
jamais eu de rémunération, leur sera payé. J'aurais

contre moi tous les grands du pays et tous les propriétaires, si, dès à présent, j'affranchissais les fellahs, et je n'aurais aucun moyen de maintenir l'existence de l'Égypte, si je les affranchissais immédiatement de toute espèce de travail obligatoire. Eh bien, je commence par établir avec vous les conditions de leur payement. Du moment qu'ils pourront rapporter dans leurs villages un petit pécule, le travail deviendra en Égypte un attrait, ce qu'il n'a jamais été. » (*Bravo ! bravo ! applaudissements.*)

Nous avons fidèlement accompli les engagements que nous avions contractés. Avant la mort de Mohammed-Saïd, nous avions inauguré un système qui, je l'espère, aura pour conséquence d'affranchir complétement une population misérable et esclave depuis des milliers d'années. Mohammed-Saïd faisait recruter nos ouvriers parmi les contingents militaires. A cet effet, il avait diminué son armée. Jusqu'à lui, il y avait eu en Égypte une armée de soixante mille hommes; du temps de Méhémet-Ali, elle s'était élevée à cent mille hommes, sur une population de cinq millions d'habitants. Il l'avait, dès le début de son règne, fixée à trente mille hommes, plus tard, il la réduisit à dix mille, afin de pouvoir envoyer vingt mille hommes sur les travaux de l'isthme, sans nuire à l'agriculture.

Vous voyez, messieurs, l'injustice et l'ignorance de ceux qui nous accusent de vouloir le maintien du travail forcé et de l'esclavage. Pourquoi faut-il

qu'il se soit trouvé des Français pour accuser un
prince généreux, et notre Société, qui a tant fait
pour l'humanité! (*Bravo! bravo! triple salve d'applaudissements.*)

Eh bien ! ce fait d'avoir engagé des hommes qui
étaient appelés au recrutement militaire, pour les
faire travailler à l'isthme, a été le commencement
de l'émancipation , à tel point qu'aujourd'hui
même (il est vrai que c'est pour nous faire la
guerre, mais enfin le mal sert quelquefois au bien,
et il faut en remercier la Providence) on est arrivé,
en Égypte, à proclamer ce principe qu'on devra
désormais recruter pour les travaux de la paix les
hommes qu'on recrute dans d'autres pays pour les
travaux de la guerre. (*Applaudissements et bravos
prolongés.*)

Voilà le résultat auquel nous sommes arrivés, et
je suis heureux d'y avoir contribué pour ma faible
part, par l'entreprise qui, je le vois, excite vos
sympathies et réunit vos suffrages. (*Très-bien! très-
bien! applaudissements.*)

Nous arrivons aux travaux de l'isthme, que nos
ingénieurs, nos entrepreneurs et nos ouvriers exé-
cutent vigoureusement. A Port-Saïd, où il n'exis-
tait qu'une simple plage, un bourrelet de sable de
quelques mètres quelquefois envahi par l'eau de la
mer, nous avons une ville qui a déjà cinq mille âmes,
nous avons creusé un port intérieur, nous avons
formé le terre-plein de la ville, nous avons élevé

des habitations, nous avons des forges, un arsenal, des dragues qui se montent en grande quantité, des engins considérables, nous avons enfin une ville où l'on trouve déjà toutes les ressources de la civilisation. La population est composée de Grecs, de Dalmates, de Français, d'Italiens, de citoyens de toutes les parties du monde. Songer à organiser méthodiquement et à l'avance cette population, c'eût été perdre son temps. Beaucoup de personnes m'avaient conseillé d'étudier et de faire des règlements. On m'avait exposé une foule de doctrines. Je n'ai jamais aimé les doctrines avant la pratique. (*Rires approbatifs.*)

Nos travailleurs vivent suivant leurs religions, les Orientaux, suivant la loi musulmane, les étrangers suivant la loi de leurs pays. Il était fort difficile, dans un désert si éloigné du monde civilisé, de savoir ce que deviendraient ces populations composées de gens qui n'avaient peut-être pas tous des antécédents irréprochables. (*Rires.*)

Un Parisien qui était chargé de diriger quinze cents Grecs, avait, un jour de payement, mis de l'or sur sa table; cet or, dont vient de si bien parler M. Wolowski, dans son discours sur l'établissement de la monnaie, fut une cause de désordre. Ces Grecs, en le voyant, n'avaient pu s'empêcher de se jeter dessus comme sur une proie. N'ayant aucune police, aucune autorité à invoquer, mon Parisien passa là-dessus, mais, grâce à son énergie et à l'autorité personnelle qu'il a su conquérir, il est parvenu à maintenir ces quinze cents hommes sous ses ordres et à se faire restituer ces sommes détournées. S'il y a des pierres à enlever, un travail difficile à faire, on envoie l'escouade des Grecs, qui est très-intelligente et qui s'est très-bien conduite depuis ce méfait. (*Rires et applaudissements.*)

Eh bien, cet exemple m'a prouvé que dans une population de travailleurs il ne faut que deux choses : expulser celui qui ne veut pas travailler, laisser partir celui qui n'a pas envie de rester. J'ai suivi le principe de la liberté, et depuis cinq ans nous n'avons pas eu à nous en plaindre. (*Bravo ! bravo !*)

Mais il faut remarquer que nous avons placé au milieu des agglomérations de travailleurs des ministres de leur religion, des popes pour les Grecs, des imans pour les musulmans, des prêtres pour les chrétiens. C'est ainsi que mon ancien professeur de philosophie a été nommé curé à Ismaïlia, et pratique la philosophie dans l'isthme, tout en prêchant les saints dogmes de notre religion. (*Rires et applaudissements.*)

Nous avons maintenu les populations qui sont venues à nous, sans un commissaire de police, sans un gendarme, sans un sergent de ville. (*Bravo ! bravo ! bruyants applaudissements.*) J'ai souvent voyagé seul, ou avec un simple domestique arabe, la nuit comme le jour, et jamais je n'ai eu la moindre crainte, ni couru le moindre danger. Tout le monde vit là dans la plus parfaite harmonie.

Je vois ici à côté de moi un ingénieur qui arrive de l'isthme, qui vient de parcourir tout le pays, et je crois qu'il est d'accord avec moi, sur la sécurité qui existe au milieu du désert sans autorité d'aucune espèce. (*Très-bien! très-bien!*) Seulement, il y a le travail, car là où il n'y a pas le travail, on ne peut vivre en sécurité. (*Bravo! bravo! applaudissements.*)

Une fois que la ville de Port-Saïd a été fondée, nous avons commencé, après y avoir établi des ateliers, à exécuter de grands travaux dans le lac Menzaleh. Le lac Menzaleh a quarante-quatre kilomètres de Port-Saïd à Kantara. Il était très-difficile, au milieu des inondations de ce lac, qui laisse des dépôts de limon, de pratiquer un chenal suffisant pour y introduire des dragues. Il y a des endroits où l'eau est si peu profonde, qu'elle ne peut même pas porter un radeau.

Il fallait que les hommes vinssent s'enfoncer dans la vase, et que, ramassant la boue avec leurs mains, la serrant contre leur poitrine, ils la portassent à droite et à gauche pour former des bourrelets. De cette boue remuée sous le ciel brûlant de l'Égypte s'exhalait une odeur d'hydrogène sulfuré insupportable; mais ce qu'il y a de remarquable, c'est que la salure des eaux du lac est telle, que ses émanations n'ont pas été dangereuses pour la santé des

hommes. Nous avons eu le bonheur de ne pas avoir
plus de malades que dans les autres localités. —
J'ai souvent passé des journées, même en plein été,
au milieu de ces travaux et je n'en ai pas souffert.
Du reste, les pêcheurs du lac Menzaleh, population saine et vigoureuse, sont accoutumés à placer
les filets de pêche et à pousser leurs barques dans
les bas-fonds en marchant dans le lac avec de l'eau
jusqu'à la ceinture. La Bible dit que le lac Menzaleh était le vivier des Pharaons.

Je dois avouer que le premier chenal à travers le
lac Menzaleh était pour moi le point le plus difficile
de notre travail, et c'est là que je craignais, non
pas l'impossibilité, mais d'immenses obstacles ; et
lorsque, dans les journaux anglais, on disait que
nous tentions un travail impossible, et qu'on par-
lait de la navigation de la mer Rouge, des sables,
et de tant d'autres objections, dont je montrerai
tout à l'heure le peu de valeur, on ne songeait pas
à nous opposer ce qui était l'objet constant de nos
préoccupations, le passage à travers le lac Menzaleh, qui n'aurait pu être exécuté sous un climat
autre que celui de l'Égypte, parce que, si cette masse
molle n'avait pas été séchée par le soleil aussitôt
que placée en forme de digue, il n'y avait aucun
moyen connu dans l'art de l'ingénieur pour
triompher de ce formidable obstacle. Là était la
vraie difficulté de l'entreprise, et personne ne songeait à nous attaquer sur ce point.

Au fur et à mesure qu'on parvenait à former
de chaque côté de l'étroit chenal de simples bourrelets, on faisait glisser au milieu un radeau plat, et
avec des nattes de roseaux, on construisait une sorte
d'abri où les ouvriers passaient la nuit. Une tempête
survenant, le bourrelet était quelquefois détruit,
et la besogne était à recommencer. Nous n'avons
pas employé les contingents à ce premier travail,
mais des hommes libres et de bonne volonté. Nous
avons marché peu à peu, avec beaucoup de peine,
et là où nous avons débuté par un chenal de trois
à quatre mètres seulement, nous sommes parvenus
à en creuser aujourd'hui un de soixante mètres
avec l'aide de nos dragues et à élever de chaque côté
des berges parfaitement solides.

Nous venons de passer, avec un entrepreneur
écossais, un marché pour approfondir ce chenal jusqu'à huit mètres au-dessous du niveau de la mer.
L'homme que nous avons choisi, a participé à l'un
des plus grands travaux de dragages qui aient été
exécutés dans le monde, celui de la Clyde à Glas-
cow. Cette ville, qui comptait autrefois trente mille
âmes, en a aujourd'hui cinq cent mille. Il y a trente
ans, la Clyde était presque à sec, puisque les habitants la traversaient, ayant de l'eau jusqu'à la che-
ville, et aujourd'hui, les plus gros bâtiments qui
font les voyages d'Amérique, y naviguent en toute
liberté. Le *Persia*, l'un des plus grands bâtiments
connus, y a été construit et lancé. Nous avons fait

avec notre entrepreneur, M. Aiton, un traité pour l'enlèvement de vingt-deux millions de mètres cubes.

Nous avons fait également un traité pour les jetées de Port-Saïd. Ce sont des jetées en blocs artificiels. Nous avions décidé d'abord que nous les ferions avec des pierres prises dans l'isthme, mais il aurait fallu pour l'exploitation de la carrière, un grand nombre de contingents. Nous avons fait ce dernier traité avec MM. Dussaud frères, qui ont exécuté les ports de Marseille, de Cherbourg et d'Alger. Ainsi notre travail est assuré pour Port-Saïd et pour le dragage des lacs Menzaleh et Ballah, jusqu'au pied du plateau d'El-Guisr. Là, nous avons déjà enlevé cinq millions de mètres cubes en huit mois de temps, avec dix-huit mille hommes des contingents. Pour terminer cette partie du canal maritime, il reste à enlever dix millions de mètres. Nous avons donné ce travail à un entrepreneur français, M. Couvreux.

Au sud du lac Timsah se trouve le plateau du Sérapéum ; puis, les lacs Amers, où il y a peu de chose à faire ; ensuite on traverse une plaine de vingt kilomètres pour se rendre à Suez. Nous avons tous les jours des propositions nouvelles de gens sérieux, ayant des capitaux, qui ont été dans l'isthme étudier les travaux dont ils demandent à se charger. Tous nos marchés sont faits ou à la veille de l'être : tout est organisé, tout marche, pour faire ouvrir le

canal maritime à la grande navigation d'ici à quatre
ans. (*Bravo ! bravo !*)

Rien ne peut plus empêcher maintenant l'exécu-
tion d'une œuvre qu'on disait impossible, et qui
devait emporter trois ou quatre fois le capital de la
Compagnie. La chose était pourtant bien simple. Il
ne fallait que des hommes de courage et d'action;
nous avons trouvé ces hommes, et tous les jours,
nous triomphons d'obstacles réputés impossibles :
le concours que vous nous apportez contribue beaucoup à nous en faire triompher. Oui, messieurs, la
sympathie ardente et constante de l'opinion publique, dont vous êtes ici les représentants, est un des
grands faits qui conduiront infailliblement au suc-
cès de notre entreprise. (*Bravo ! bravo ! Vifs applaudissements.*)

Maintenant, je vais vous parler des objections
que chacun de vous a entendu soulever ; je n'en dis-
simulerai aucune.

On nous dit : Comment ferez-vous pour votre
entrée dans la Méditerranée? Vous êtes sur une
plage qui s'incline insensiblement avec très-peu de
profondeur. Vous avez des boues, le vieux mot
égyptien *Zin*, le mot grec *Péluse*, le mot arabe
Tineh, noms qui ont été donnés successivement à
cet endroit, tous veulent dire : boue.

Des articles de journaux, publiés il y a huit à
neuf ans, prétendaient que le golfe de Péluse était
une mer de boue, et que les bâtiments seraient ar-

rêtés dans leur marche par des « bancs de vase
voyageuse. » Des hommes très-distingués, et que
j'estime beaucoup, ont imprimé cela dans la *Revue
des Deux Mondes*. (*On rit.*)

Messieurs, si les anciens ont appelé *Péluse*, *Zin*
ou *Tineh*, synonymes de boue, l'endroit où est situé
Péluse, c'est en effet parce que les terrains qui
l'environnent sont plus bas que le niveau du Nil, et
que l'eau qui y séjourne forme de la boue; mais cette
boue est en dedans du cordon du littoral. La pré-
tendue mer de boue n'existe donc pas. Au dehors,
l'eau de la mer est limpide, et le sable de la
plage aussi blanc que celui de nos côtes de France.

S'il n'y a pas de boue de ce côté, que devions-nous
craindre? Nous devions craindre, lorsqu'on ouvrirait
un chenal pour faire communiquer la mer avec le
lac Menzaleh, les lames de fond, qui exercent leur
action jusqu'à une profondeur de quatre à cinq mètres, qui remuent et agitent les galets ou les sables,
car les sables ont commencé par être des galets dé-
tachés des rochers par la fureur des vagues. A sept
ou huit mètres, le fond de la mer n'a plus de sable,
mais une vase éternelle. Arrivés près de la plage depuis des siècles, avant les temps historiques, peut-
être même avant l'existence de l'homme, les galets
roulés par les flots ont produit ces sables, qui, poussés par la lame sur la plage, séchés par le soleil et
emportés par les vents, ont formé les dunes qu'on
aperçoit sur presque toutes les côtes du monde.

On pouvait donc craindre que ces sables, remués par les lames de fond, et poussés dans la direction des vents régnants, ne finissent par encombrer le chenal creusé par la drague. Mais les ingénieurs ont trouvé un moyen très-simple d'empêcher l'encombrement d'un chenal creusé sous l'eau de la mer. C'est de faire construire de chaque côté du chenal des jetées qui s'avancent dans la mer, de manière à atteindre le fond de la vase éternelle. Le sable, ramené près du rivage, ne disparaît point par ce moyen, mais il s'emmagasine dans l'angle formé, d'un côté, par le rivage, de l'autre, par la jetée. Il est évident que, lorsque les sables sont poussés à Port-Saïd par les vents régnants du *nord-ouest*, c'est du côté de Damiette qu'ils arrivent ; aussi c'est de ce côté qu'on fait la jetée la plus longue; et si par hasard, au bout de plusieurs siècles, les sables parvenaient jusqu'à la tête de la jetée, nos arrière-petits-neveux en seraient quittes pour faire allonger la jetée de cent à cent cinquante mètres, comme je l'ai vu faire à Barcelone, où tous les quinze ou vingt ans on allonge de quelques mètres la jetée, pour lutter, non pas contre les sables, mais contre les galets.

Nos ingénieurs sont certains d'empêcher les inconvénients du mouvement des sables. Nous n'avons jamais nié ce mouvement, mais nous avons trouvé le moyen de l'arrêter.

Le travail que nous faisons eût été impossible, il

y a cinquante ans, parce que les dragues n'existaient pas ; nous avons aujourd'hui des dragues puissantes. Nous en avons fait construire par l'honorable maison Ernest Gouin et par les forges et chantiers de la Méditerranée, qui enlèveront mille mètres en dix heures. J'en ai vu, ces jours derniers, fonctionner une sur la Loire ; elle a enlevé deux mille mètres en dix heures. Il est vrai qu'elle n'avait à enlever que des sables légers, mais nous sommes sûrs que chacune de nos grandes dragues enlèvera dans l'isthme ses mille mètres en dix heures, c'est-à-dire que cent dragues pourront enlever cent mille mètres en une journée. Nous n'aurons donc pas de difficulté à enlever les cinquante à soixante millions de mètres cubes qui nous restent à extraire.

La question des sables dans le canal maritime écartée, il reste la question des sables voyageurs dans l'isthme. Ces sables, nous dit-on, encombreront la tranchée que vous faites dans l'isthme, lorsque les vents souffleront violemment.

La nature nous a indiqué ce qu'il y avait à faire pour se préserver des sables voyageant sur terre. Autour des trois grands bassins qui forment la plus grande partie de la ligne de notre canal, il s'est formé, dès les temps les plus reculés, des végétations ; et à l'abri de ces végétations, des sables sont venus s'accumuler et former des dunes qui suffisent à empêcher les sables portés par le vent d'encombrer les

parties basses. Ces sables ne s'élèvent pas généralement à plus de trente à quarante centimètres ;
quand ceux qui sont plus légers s'élèvent davan-
tage, ils sont poussés en l'air et vont couvrir les
immenses dunes qui forment la frontière naturelle
de l'Égypte et de la Syrie ; là, assurément, il eût
été impossible de creuser le canal. Nos ingénieurs,
suivant l'exemple de la nature, ont commencé par
élever des palissades dans les endroits où l'on était
obligé de creuser la tranchée. Les terres qu'ils ont
enlevées ont formé ensuite un obstacle naturel à
l'envahissement des sables, et certainement, lorsque nous aurons entassé d'une part dix millions
de mètres cubes sur le plateau d'El-Guisr, à peu
près autant sur le plateau du Sérapéum, il se for-
mera de véritables montagnes, qui empêcheront
toute espèce d'apport de ces sables voyageurs poussés par les deux ou trois tempêtes qui règnent chaque année dans l'isthme, dans les seuls endroits où
l'on pouvait les redouter. Nous n'avons donc rien à
craindre du mouvement des sables soulevés sur le
sol de l'isthme.

Reste la difficulté de la navigation dans la mer
Rouge. A ce sujet, on prétend que les bâtiments y
trouveront une navigation dangereuse, parce que
la mer est étroite. Mais nous avons des mers plus
étroites encore, où les bâtiments naviguent sans
difficulté. Le golfe Adriatique, la Manche, sont
moins larges que la mer Rouge, qui a cinq cent

soixante lieues de long et dix ou douze lieues de largeur dans les endroits où elle est la plus étroite, et cinquante lieues dans les endroits les plus larges. Elle a de plus des nuits fort claires, ce qui aide beaucoup à la navigation.

Sous les tropiques, où est située la mer Rouge, les nuits sont magnifiques. Si l'on y a toujours navigué avec des barques non pontées, c'est que l'on n'y craint pas les tempêtes. Il y a des vents variables près des côtes, comme dans tous les golfes, des vents du matin et du soir.

Avant l'adoption de la navigation à vapeur, qui est récente, puisqu'elle ne date pas de plus de trente ans, on ne naviguait qu'à la voile. Eh bien! dans l'antiquité, on a vu les flottes de Salomon dans la mer Rouge; on y a vu dans les temps modernes celles des Vénitiens et des Portugais, qui y ont navigué fort à l'aise, et qui s'y sont livré des combats.

Lorsqu'en 1828, le parlement anglais fit une enquête pour savoir si un bâtiment à vapeur pourrait naviguer dans la mer Rouge, il se trouva des marins, surtout des hommes politiques, qui prétendirent que les steamers ne pourraient pas franchir le détroit de Bab-el-Mandeb contre les moussons.

Il y a, dans le pays voisin, un grand ministre, au sujet duquel j'ai dit, dans une autre enceinte, qu'il avait l'hydrophobie de la mer Rouge. Cet homme d'État ne désire pas qu'on aille aux Indes par cette voie. Afin d'empêcher l'établissement de la navigation à vapeur dans la mer Rouge, on disait que les bâtiments à voiles pouvaient seuls franchir les moussons. Aujourd'hui, on soutient tout le contraire, et l'on déclare, en Angleterre, que les bateaux à vapeur seuls peuvent naviguer facilement dans la mer Rouge. C'est ainsi que raisonnent toujours les adversaires d'une entreprise nouvelle, qui dérange les vieilles combinaisons.

Pendant soixante-dix ans, les expéditions maritimes du Portugal qui furent envoyées pour doubler le cap de Bonne-Espérance échouèrent. Savez-vous pourquoi? C'est qu'avant d'atteindre le but, les marins se révoltaient et demandaient à retourner à Lisbonne, parce les Vénitiens avaient fait courir le bruit qu'on deviendrait nègre en passant la ligne. Vasco de Gama, qui avait fait prêter serment à son équipage, dans un sanctuaire de la Vierge, de ne pas se laisser effrayer par la crainte de passer du blanc au noir, ne trouva pas d'autre moyen de prévenir une révolte générale, que de faire mettre aux fers une partie de ses hommes. Ces pauvres gens, se voyant *brunir* après plusieurs mois de navigation, demandaient à grands cris à retourner en Portugal. Vasco saisit lui-même le gouvernail, en faisant croire qu'il retournait en Portugal, et doubla le cap loin de la vue de terre ; c'est ainsi que le cap de Bonne-Espérance a été doublé pour la première fois.

Nous avons cherché à imiter cet exemple, nous

avons marché résolûment vers notre but, sans craindre les obstacles, et nous remercions la Providence de nous avoir suscité toutes les difficultés qui ont mûri notre œuvre, l'ont popularisée, et nous ont acquis, le concours de tous les hommes d'intelligence et de cœur.

PARIS.   IMP. SIMON RAÇON ET COMP., RUE D'ERFURTH, 1.

www.ingramcontent.com/pod-product-compliance
Lightning Source LLC
LaVergne TN
LVHW021649170726
843501LV00007B/2485